LE
MARÉCHAL MOLITOR

1770—1849.

EXTRAIT DE LA LORRAINE MILITAIRE,

GALERIE HISTORIQUE,

PAR M. JULES NOLLET-FABERT.

NANCY,

CHEZ L'AUTEUR, RUE SAINT-GEORGES, 83.

JUILLET 1851.

AVIS.

L'Académie nationale de Metz avait mis au concours cette question : « Eloge historique de » l'un des hommes, aujourd'hui décédés, qui ont » appartenu à la ville de Metz, par leur naissance, » ou par des services éminents rendus à la cité et » qui se sont illustrés soit dans la carrière civile ou » dans la carrière militaire, soit dans les Sciences, » les Lettres ou les Arts. » Nous avons pensé que le maréchal *Molitor*, quoique n'étant pas né à Metz, y avait cependant acquis droit de cité, par les services qu'il avait rendus à la ville même et au département de la Moselle, et nous avons adressé son éloge à l'Académie.

Il portait pour devise : *honneur aux enfants de la France!* Le jury chargé de l'examiner a été d'avis de recevoir ce concours et, *après rapport détaillé,* a conclu à ce que l'Académie nationale accordât une *mention honorable,* qui a été décernée en séance générale et publique, le 11 mai 1851, à l'auteur de la *Lorraine Militaire.*

LE

MARÉCHAL MOLITOR.

HAYANGE (MOSELLE).

1770 — 1849.

Le 7 mars 1770, dans un hameau du nom de Hayange (Moselle), naquit un enfant qui devait, trente ans plus tard, être l'un des plus glorieux généraux de la République française.

Naissance de Molitor (1770).

Cet enfant issu d'une famille militaire, se nommait Gabriel-Jean-Joseph Molitor; son père, *garde royal de nos seigneurs les maréchaux de France,* lui donna une éducation solide et le destina à l'état ecclésiastique. L'horison politique s'assombrissait chaque jour ; 1789 parut et la révolution prit sa place dans l'histoire.

La patrie en danger s'adressait alors à tous ses enfants et les cœurs dévoués allaient défendre leur mère commune. Molitor quitta l'habit monastique et prit le fusil.

Son départ fut triste, mais il obtint l'assentiment de ses parents et endossa bientôt l'uniforme des volontaires.

Il est nommé capitaine (1791).

Le 25 août 1791, il se rend à l'appel général; enrôlé dans le 4e bataillon de la Moselle, il est nommé capitaine, à l'unanimité, et fait en cette qualité la mémorable campagne de 1792; son bataillon fait partie de l'armée du Nord.

Désormais, on verra le nom de Molitor, mêlé aux plus belles actions, cité sur tous les bulletins, et ce n'est pas seulement le guerrier intrépide, mais encore, l'homme loyal, incorruptible que l'on retrouvera partout.

Ce qui caractérisait le jeune Mosellan, c'était l'intrépidité, la prévoyance et le sang-froid pendant le combat, la générosité et la modestie, qualités bien rares alors et un dévouement inaltérable à son pays.

Doué d'une organisation fortement trempée, Molitor est un de ces hommes de Plutarque : quand on considère son illustre carrière, on est saisi d'admiration et de respect. Si Plutarque manque aux récits glorieux qui font de la vie de Molitor une histoire intimement liée à celle de Napoléon, la reconnaissance inspirée par les titres de cet homme de bien ne doit pas rester muette, et nous remplissons un acte de justice en peignant une des figures les plus imposantes et les plus majestueuses d'une grande époque.

Chef de bataillon (1793).

Deux ans se passèrent : le jeune Molitor, toujours capitaine, était déjà cité comme l'un des braves de son régiment. Le 10 septembre 1793, il fut élevé au grade de chef de bataillon-adjudant-général, à la suite d'un concours, et après avoir subi l'examen des inspecteurs-généraux au camp de Forbach.

De l'armée des Ardennes, il passa à celle de la Moselle, avec un corps de troupes qu'il y conduisit et fut placé sous les ordres de Hoche, général en chef, âgé de vingt-cinq ans.

L'ennemi était alors en Alsace et bloquait Landaw, Hoche voulut débuter, en délivrant cette place et le territoire national de la présence des Prussiens et des Autrichiens ; mais bientôt il fut repoussé à Kaiserslautern. Molitor est à la tête d'une brigade et remporte en deux jours de grands avantages (28 et 29 novembre 1793), en s'emparant, à la tête d'un seul bataillon, de la position d'Ehrlenbach, que défend la droite de l'armée prussienne , alors commandée par le maréchal de Brunswick. Apprenant cet heureux succès, Hoche, change son plan d'attaque, se porte avec rapidité, et à travers des chemins impraticables, sur l'armée autrichienne de Wurmser, la bat complétement et remporte la victoire.

Quelques jours après (*) Molitor se signale au combat de Werdt..... l'armée française force les retranchements de Freischweiler , fait douze cents prisonniers et prend quatre pièces de canon ; le lendemain, il enlève la position de Lampersloch , dans laquelle l'ennemi laisse six cents hommes sur le champ de bataille ; puis il commande (26 décembre) une des colonnes qui remportèrent de si remarquables trophées, à la journée de Geisberg, près Wissembourg.

Pendant les quatre années qui suivirent, Molitor, suc-

(*) 22 décembre 1793.

cessivement adjudant-général et chef de brigade, passa aux armées du Rhin, de la Moselle et du Danube, commandées par Pichegru, Kléber, Moreau et Jourdan. En 1795, l'armée française, commandée par Pichegru, était cantonnée, depuis Mayence jusqu'à Strasbourg. Kléber, devant Mayence, n'avait pas le quart du matériel nécessaire pour assiéger cette place et, de plus, la France était en pleine désorganisation à l'intérieur : les soldats étaient délaissés, le gouvernement ne savait pas les nourrir; il ne savait pas non plus réchauffer leur ardeur par de grandes opérations.

Heureusement alors pour nos armées, les Autrichiens étaient si démoralisés d'avoir vu le drapeau français flotter victorieux jusqu'au Rhin, qu'ils ne surent pas profiter du découragement momentané de nos troupes, ni des désertions qui avaient réduit notre armée aux trois quarts de son effectif. Les Autrichiens se réorganisaient lentement et n'osaient rien tenter de sérieux pour empêcher nos deux opérations : le siége de Luxembourg et celui de Mayence; les deux seules places que conservât la coalition sur la rive gauche du Rhin. Pour réduire Mayence il fallait l'assiéger; mais, comme nous l'avons dit, le matériel manquait; on ne pouvait se rendre maître de cette place qu'en occupant les deux rives, et cette manœuvre, très-difficile en présence des Autrichiens, devenait impossible par le manque d'équipages de pont.

Molitor est blessé (1795).

Différentes attaques furent faites contre Mayence; dans l'une d'elles, l'adjudant-général Molitor reçut une balle qui lui traversa la cuisse (5 octobre 1795).

Pendant deux ans, Molitor prit une part laborieuse à

toutes les grandes actions, en qualité de chef d'état-major ou commandant de brigade.

En décembre 1797, il remplissait les fonctions de général de brigade et assistait en cette qualité au siége de Kehl, où le général en chef lui confia la défense de l'île d'Ehrlenrheim ; ce ne fut que le 30 juillet 1799 qu'il fut *nommé* officiellement général de brigade, quoique depuis près de deux ans, il en exerçât les fonctions.

Il est nommé général de brigade (1799).

Ses derniers exploits militaires et sa valeur connue de toute l'armée lui avaient fait conférer un grade qui lui était dû depuis longtemps.

Masséna se trouvait alors à la tête des forces les plus considérables que le Gouvernement directorial eût encore osé confier à un seul homme. Général en chef de l'armée d'Helvétie et de l'armée du Danube, Masséna se montra digne de l'immense responsabilité qu'il avait en cette occasion et acquit, sous ce double commandement, une gloire qui ne devait être surpassée que par sa magnifique défense de Gênes.

La division Lecourbe, placée à la droite de l'armée, occupait le Saint Gothard avec les généraux Gudin et Loison ; la brigade Molitor qui formait la gauche de la division Lecourbe et qui venait de s'emparer de Schweiz, y avait pris position (15 août 1799). Cette brigade comprenait la 84e demi-brigade, le premier bataillon de la 76e et six compagnies du troisième bataillon de cette demi-brigade. Dès maintenant le général Molitor sera détaché de la division Lecourbe et, réduit à ses propres forces, se trouvera directement sous le général en chef Masséna. Ce dernier avertit Molitor qu'il doit s'emparer de la vallée de Glaris, mais cet ordre venu précipitamment, ne permet pas de réunir tout de suite plus de douze compagnies ; il fallait d'abord franchir le mont Brackel, l'ennemi s'y était posté avantageusement. L'attaque du général et des troupes placées sous ses ordres, fut si brusque, que l'ennemi fut renversé sans avoir le temps de se reconnaître et poussé jusqu'au lac de Klon-Thal.

Les Autrichiens s'étaient retranchés avec leur artillerie dans le village de Netstall, qui ferme le débouché de Klon-Thal, à l'entrée de la vallée de Glaris. Molitor s'y porte avec quatre compagnies, mais en retournant pour diriger l'attaque de Netstall, il trouve la communication interceptée par un corps de quinze cents Suisses, organisé et soldé par l'Angleterre : ceux-ci fondent sur nos troupes en poussant des cris de joie ; mais Molitor se fait jour, l'épée à la main, en courant les plus grands dangers. Pour rejoindre la position qu'il avait occupée avant ce combat, il est obligé de franchir une montagne très-rapide et de traverser le torrent de la Lontsch ; mais les Suisses l'ont suivi et nous attaquent en queue ; ils sont arrivés pêle-mêle avec nos tirailleurs qui se trouvaient alors entre les Autrichiens qui attaquaient notre front et les Suisses qui nous poursuivaient avec vigueur. A cet instant Molitor est enveloppé de tous côtés... Un parlementaire vient lui faire sommation de se rendre : le général français répond : « *Ce n'est pas moi qui me rendrai, ce sera vous.* »

La fortune sert son audace, son aide-de-camp Fridolsheim le rejoint avec soixante hommes et repousse vigoureusement les Suisses qui furent tous tués, noyés ou faits prisonniers. (Note 1re.)

Pendant que ces événements se passaient, les compagnies qui avaient été portées au-delà de Glaris étaient attaquées par les Autrichiens et les Suisses ; mais elles se firent jour à la baïonnette et rejoignirent le reste de la brigade.

Molitor était dans une position très-dangereuse, car le mont Brackel n'était praticable que pour l'infanterie, ce qui obligea tous les officiers, même les officiers-généraux, à n'aller qu'à pied pendant toute la journée ; toutefois la position que nos troupes occupaient, resserrée en amphithéâtre, était d'une très-bonne défense ; Molitor la renforça en la faisant couronner par un amas d'énormes pierres disposées à être roulées sur l'ennemi, dès qu'il tenterait l'escalade. Au lieu d'entreprendre sur nos flancs, l'ennemi s'obstina à emporter *de haute lutte,* notre position dont le front présentait de grandes difficultés. Bientôt il s'avance audacieusement pour escalader les rochers qui servent de rempart à nos soldats, c'est alors que ces derniers font rouler les quartiers de roc qui avaient été préparés par les soins du général. Cette défense nouvelle et meurtrière étonne l'ennemi et le fait rétrograder ; les Français battent la charge et se rendent maîtres de la vallée de Glaris.

Jusqu' au 25 septembre (1799), l'ennemi ne fait aucun mouvement offensif et ce temps de repos est mis à profit par le général Molitor pour reconnaître le pays et pour compléter l'instruction de nos bataillons. L'administration des troupes fut aussi régulière que la discipline : le pays n'eut presque rien à fournir, ce qui contribua beaucoup à nous affectionner les habitants, généralement pauvres, de ce canton. Le gouvernement helvétique adressa, en cette occasion, au général Molitor une lettre remplie de remerciements les plus flatteurs. Molitor se préparait à recevoir les attaques combinées des généraux Jellachich et Linken (16,000 hommes). Ces généraux s'étaient donné rendez-vous à Glaris avec l'armée de Souwarow; trois colonnes, fortes ensemble de plus de vingt-cinq mille hommes, arrivèrent en même temps..... Il semblait dès lors impossible que Molitor pût éviter d'être écrasé par tant de forces réunies contre lui. Bien des officiers généraux, dans une telle occurence, n'auraient peut-être pas osé se défendre, mais Molitor est du nombre de ces guerriers dont l'intrépidité calcule les moyens de résistance. Placé par Masséna dans un poste difficile, il veut se montrer digne de la confiance de son illustre chef. Sa colonne se compose de trois bataillons, elle marche et se divise sur quatre points différents.

Le 26 septembre, à trois heures du matin, le canon de Molitor répond à celui de Soult; ses tirailleurs s'avancent sous le feu de l'ennemi; ils sont dans le marais jusqu'à la ceinture. A onze heures, Jellachich arrive et commence l'attaque des ponts, ses colonnes sont soutenues par une seconde ligne placée sur le revers des montagnes. Nos troupes soutiennent ce choc, et les colonnes ennemies trois fois repoussées perdent beaucoup de monde. La nuit met fin au combat.

Le lendemain, Molitor est en présence de Linken: treize cents Français contre neuf mille ennemis. A deux heures, nous sommes vainqueurs et nous faisons huit cents prisonniers. « Une partie de l'armée russe était en » présence. Le maréchal Souwarow, me croyant enveloppé

» par les troupes de Jellachich et de Linken, m'adressa par » un officier parlementaire, l'étrange sommation de me » rendre. Je lui fis répondre que son rendez-vous avec » les généraux Korsakow, Hotzé, Jellachich et Linken » était manqué sans ressource ; que le premier avait été » complétement défait à Zurich ; que le second n'existait » plus ; que les deux autres venaient d'être battus et re- » jetés au delà des montagnes ; et que c'était à lui-même, » Souwarow, entouré de tous côtés par une armée vic- » torieuse, de songer à mettre bas les armes. (*) »

Le général russe, ne voulant pas croire à ces désastres, fit immédiatement attaquer nos troupes, quoique la journée fût déjà avancée. Un nouveau combat s'engagea vivement, mais nos bataillons soutinrent ce choc avec bravoure et fermeté. Le feu cessa à la nuit. Le lendemain, Molitor se retira sur la Linth pour couvrir le passage de Naffels et empêcher par ce moyen la jonction de Souwarow, soit avec Jellachich, soit avec Korsakow.

En débouchant sur la Linth, le pont de Nesthal se présentait comme un appât à l'ennemi ; il s'y précipita et aussitôt le pont sauta en éclat, engloutissant tous ceux qui le traversaient ; cette catastrophe jeta un grand désordre parmi les Russes ; toutefois, les charges ennemies se multipliaient et les colonnes se précipitaient sur nos baïonnettes avec une aveugle témérité. Six fois dans la même journée, nos troupes furent repoussées jusqu'à

(*) Rapport des opérations de la brigade du général Molitor, détachée dans les cantons de Schweiz et de Glaris.

Naffels, et six fois, nous avons chassé l'ennemi jusqu'à Nesthal.

Molitor se présenta devant Glaris et après un combat acharné de part et d'autre, le reste de l'armée russe, dans un état misérable, mourant de faim et ayant perdu presque tous ses bagages, traversa les hautes montagnes qui la séparaient du pays des Grisons.

Molitor reçut de nombreuses félicitations et une adresse du général en chef qui se terminait ainsi : « L'on n'ou-
» bliera pas qu'avec votre seule brigade vous avez résisté
» plusieurs jours aux Austro-Russes, que vous les avez
» battus, que vous leur avez fait des prisonniers, que
» vous avez défendu avec acharnement et sang-froid des
» positions intéressantes pour l'armée, et que vous avez
» de cette manière préparé la défaite de Souwarow.
» Recevez donc aujourd'hui le témoignage de la vive sa-
» tisfaction du Gouvernement pour vos travaux, qu'il ne
» pouvait ignorer, et qu'il a justement appréciés. » (Note 2.)

L'hiver arrêta la marche victorieuse de nos troupes et mit fin aux hostilités.

Le général Bonaparte se fit reconnaître sous le titre de premier consul et le général Molitor, placé sous Lecourbe, d'abord comme commandant de brigade, fut détaché de la division Vandamme et commanda ensuite une division, flanquant la droite de l'armée.

Molitor fut chargé de commander les premières troupes qui devaient forcer le passage du Rhin sur le point de Rechlingen, près de Stein (Note 3). A trois heures du matin (1er mai 1800) notre artillerie donna le signal de l'embarquement et les pontonniers poussèrent leurs barques à l'eau. Le général Molitor passa le premier avec trente carabiniers, et les feux de l'ennemi se dirigèrent aussitôt sur cette embarcation.

Cet obstacle ne fit que redoubler l'ardeur des pontonniers qui parvinrent bientôt à déposer leur précieux fardeau sur la rive opposée; Molitor envoya aussitôt son aide-de-camp Fridolsheim, sur Stein, pour s'en emparer et faire rétablir l'ancien pont, dont les arches subsistaient encore. Molitor poussa ensuite l'ennemi jusqu'à Lingen après lui avoir fait cinquante prisonniers.

Le surlendemain, l'aile droite marcha sur Stokach, à trois heures du matin, et placée sous les ordres de Molitor, culbuta complétement l'ennemi. Le colonel Marulaz, si connu de l'armée, par sa valeur, avait le commandement du 8e régiment de hussards, qui, en cette occasion, exécuta la charge la plus brillante et fit à l'ennemi près de quatre mille prisonniers. Après cette héroïque journée, Marulaz reçut un sabre d'honneur et Molitor lui écrivit une lettre remplie des félicitations les plus honorables (Note 4).

Le même jour, la brigade prit position près de Stokach et reçut bientôt (5 mai) l'ordre de marcher sur Moëskirch. Le général Molitor quitta Stokach à minuit et trouva l'ennemi près de l'abbaye de Klosterwald. Il fit aussitôt ses dispositions : un bataillon de flanqueurs fut dirigé vers la gauche de l'infanterie ennemie pour menacer sa retraite sur le pont de Sigmaringen ; le surplus des troupes fut formé en trois colonnes. Le premier choc fut terrible et notre brigade pénétra dans la ville, dont une partie était en feu, tua beaucoup de monde à l'ennemi et fit six cents prisonniers. Le feu n'avait cessé que très-tard et la brigade continua de marcher avec l'aile droite jusqu'au 22 mai.

A cette époque Molitor reçut l'ordre de prendre le commandement du corps de flanqueurs de droite. Il arriva à Kempten le 23 mai, et, dans la nuit du 24 au 25, Bregentz fut attaqué et enlevé de vive force.

Pendant toute cette mémorable campagne, les magnifiques dispositions de Molitor eurent l'immense avantage de faire croire au prince de Reuss, qui commandait l'armée ennemie, que nous avions plus de dix mille hommes à Kempten.

Le général en chef Moreau félicita en ces termes le brave général qui venait de s'illustrer d'une manière si remarquable, en arrêtant avec peu de troupes, un corps ennemi très-considérable :

« .... Je profite de cette circonstance, citoyen » général, pour vous complimenter sur la manière » distinguée avec laquelle vous servez depuis le commen- » cement de cette campagne; vous justifiez de plus » en plus les preuves de talents que vous aviez déjà » données en Helvétie; je vous prie de croire aux » sentiments d'estime que je vous ai voués. »

Jusqu'au 8 juillet, Molitor ne cessa d'inquiéter le prince de Reuss par des mouvements combinés avec sa faible troupe; mais la réserve du général ennemi nous empêcha d'obtenir de grands résultats; le premier de tous était atteint, celui de lui en imposer et de le contenir.

Les armées françaises, en Allemagne et en Italie, malgré leurs glorieux progrès, ne pouvaient communiquer entre elles que difficilement et par de longs détours; elles étaient privées de l'avantage de pouvoir s'appuyer réciproquement, et, pour l'obtenir, il s'agissait non seulement de forcer les passages des Pays Grisons, mais encore d'emporter la position de Feldkirch, où la nature et l'art avaient accumulé les moyens de défense, et devant laquelle avaient échoué, pendant la campagne précédente, les efforts de l'armée d'Helvétie.

Cette expédition fut confiée (8 juillet) à Molitor, qui avait à lutter contre près de treize mille hommes, avec moins de six mille Français.

Toutes les colonnes se mirent en marche le 13 juillet à la pointe du jour, et à onze heures du matin, nous avions culbuté l'ennemi et nous étions maîtres des Pays Grisons.

Molitor, à la tête de sa brave brigade, fond sur les Autrichiens, les met dans une déroute complète, les pousse, les harcelle de tous côtés et entre dans Feldkirch à trois heures du matin avec des troupes exténuées de fatigue, mais aussi qui s'étaient couvertes de gloire.

Le général Molitor se porta le lendemain et le surlendemain sur Bludenz, et, après quelques escarmouches, reçut à Roseinheim la nouvelle de l'armistice qui fut suivi de la paix.

A cette époque, Moreau écrivit au ministre de la guerre, une lettre dans laquelle nous remarquons le passage suivant :

« Le général Lecourbe profite, mon cher général, du moment de l'armistice pour se rendre à Paris : il vous parlera sans doute du général Molitor ; je vous ai moi-même rendu compte de ses services et de ses talents ; j'aurais même insisté pour qu'il fût nommé général de division, si le général Lahorie ne m'avait fait connaître l'extrême répugnance des Consuls à confirmer de nouveaux grades. »

« Plusieurs généraux de cette armée ont, par leur ancienneté, des droits plus mérités à être nommés généraux de division ; mais, pour les services et les talents, il en est peu qui puissent y prétendre plus justement. Je reconnais aux généraux *** des services et des actions qui leur donnent les mêmes droits ; mais je crois au général Molitor plus de dispositions à parvenir aux premiers grades militaires. »

Cette récompense était brillante et bien méritée, mais il en reçut une autre plus flatteuse encore dans les témoignages de gratitude qu'il recueillit des habitants de la Souabe, de la Bavière et du Tyrol pour l'humanité et le rare désintéressement qu'il leur avait toujours montrés, ainsi que pour la discipline parfaite que les troupes avaient constamment observée.

En quittant la frontière étrangère, nos courageux et dignes soldats, laissant les plus honorables souvenirs, virent les populations précédées des élèves des écoles, des bourgmestres et des baillis, tous parés de nos couleurs nationales, accourir au-devant d'eux à leur passage, les saluer des acclamations les plus amicales, et accompagner leur digne chef de leurs vœux.

Ce fut vers cette époque que le département de la Moselle, voulant témoigner à Molitor toute la confiance qu'il avait su inspirer à ses concitoyens, l'inscrivit sur la liste des notables nationaux (Note 5).

Il est promu général de division (1800).

Depuis le 6 octobre 1800, il était promu général de division, et à son retour en France, il fut appelé à Grenoble en qualité de commandant de la septième division militaire (22 août 1801).

Il avait ici la mission difficile de rallier les esprits divisés par tant de secousses éprouvées, après les événements si terribles qui avaient accompagné la révolution, et il eut le bonheur de tout concilier et de recevoir, en quittant ce poste, à la reprise des hostilités en 1805, des témoignages d'estime et d'attachement de tout le Dauphiné.

Le Consulat fit place à l'Empire et Napoléon gouverna la France sous le titre d'Empereur des Français.

Molitor reçut à la frontière l'illustre pontife Pie VII, qui se rendait avec empressement au sacre de Napoléon; admis journellement auprès de sa Sainteté, il en obtint toujours des témoignages de bienveillance et de sympathie.

Masséna venait d'être promu maréchal de France et nommé au commandement en chef d'une armée qui allait cueillir de nouveaux lauriers et à laquelle Molitor était appelé. Il commanda la division d'avant-garde à toutes les actions de cette campagne, notamment aux combats de Veronette, de Vago, où il prit deux pièces de canons aux Autrichiens, qui furent repoussés et battus.

Le 4 octobre, à Caldiero, avec sa seule division, qui fit constamment des prodiges de valeur, il fut opposé aux efforts acharnés et soutenus de l'aile droite de l'armée de l'archiduc Charles.

Le 3 novembre suivant, en marchant sur Vicence, il a plusieurs engagements avec les Autrichiens, qu'il repousse et auxquels il fait huit cents prisonniers. Le lendemain, il attaque et enlève la position de *San-Pietro-in-Giù*, et culbute complétement l'ennemi, lui faisant neuf cents prisonniers.

Après le traité de Presbourg, qui avait cédé à l'Italie les provinces ex-vénitiennes, l'Empereur désigna le général Molitor pour aller prendre possession de la Dalmatie avec trois régiments (Janvier 1806).

Napoléon tenait beaucoup à la conquête de la Dalmatie, parce qu'elle était voisine de l'empire turc; aussi avait-il choisi Molitor, général habile et intrépide qui, pendant les dernières campagnes, avait fait preuve de talents.

Nommé général en chef des forces de terre et de mer, gouverneur-général civil et militaire des provinces de Dalmatie et d'Albanie, Molitor donna aux affaires une marche très-simple et très-rapide, afin qu'elles ne souffrissent pas des absences auxquelles l'obligeraient les opérations militaires.

Nos troupes arrivèrent après avoir fait cent-soixante-dix lieues en vingt-huit jours, à l'extrémité méridionale de la Dalmatie (*).

Molitor entra à Zara et fit occuper successivement les

(*) 28 février 1806.

places maritimes, mais bientôt de grands embarras surgirent et furent causés par la conduite du cabinet autrichien, au sujet de la place de Cattaro; le caractère rempli de prudence et de loyauté du général Molitor déjoua ces ruses diplomatiques. Cette place de Cattaro, venait d'être remise par les Autrichiens aux Russes, et ceux-ci en avaient pris possession, comme si elle leur eût été cédée par un traité; cette affaire se termina par la réparation d'une violation si manifeste. L'auteur reconnu fut disgracié et l'on nous rendit Cattaro.

C'est au milieu de tous ses travaux administratifs que Molitor eut à soutenir la guerre la plus difficile par terre et par mer, pendant cette année 1806, alors que toutes les armées de l'Europe étaient en repos. Attaqué sur mer, il repoussa avec son escadrille une partie de l'escadre russe qui assiégeait Lézina, débloqua cette île, où 300 Russes débarqués furent faits prisonniers, reprit ensuite l'île de Cursola, et termina cette laborieuse campagne par le déblocus de Raguse. Le général Lauriston défendait cette place avec une garnison française. Trois mille Russes, ayant avec eux une nombreuse artillerie, en faisaient le siége et la bombardaient du haut de la montagne Saint-Serge, qui la domine entièrement. Huit à dix mille Monténégrins en défendaient les approches. La terreur et le désespoir régnaient parmi les Ragusains.

Molitor employa tous les moyens pour faire croire à l'ennemi qu'il arrivait, suivi de forces considérables. Avec dix-sept cents hommes, il battit et chassa du pays dix mille Monténégrins et trois mille Russes, qui, depuis

Il délivre Raguse.

quinze jours assiégeaient Raguse. Après cette magnifique victoire, Molitor entra dans la ville, au milieu des acclamations unanimes de la population.

Mais laissons parler le vainqueur lui-même : « J'entrai avec mon avant-garde le même jour, à sept heures du soir, dans Raguse. On ne saurait décrire les acclamations, les transports d'ivresse et de reconnaissance que firent éclater les habitants de toutes les classes, qui venaient de passer si subitement des angoisses les plus affreuses à une délivrance dont on commençait à désespérer. Dans l'effusion de leur enthousiasme, plusieurs se précipitaient sur nos soldats et embrassaient leurs armes avec l'expression du respect et de l'admiration. Le même soir, toutes les dames de la ville allèrent pieds nus dans les églises pour y rendre des actions de grâce. Le lendemain, l'étonnement des Ragusains fut à son comble, lorsqu'en nous voyant défiler, ils purent compter le petit nombre de leurs libérateurs (*). »

Le surlendemain (8 juillet), après avoir laissé au général Lauriston une partie de ses troupes, Molitor se remit en marche avec le reste, pour retourner en Dalmatie.

Dans l'enivrement de leur gratitude, les Ragusains décidèrent que désormais le nom de Molitor serait prononcé dans leurs prières publiques après celui du souverain ; aussi, dans les temples, au *Domine salvum*, après le mot *Imperatorem*, ajoutait-on : *et nostrum liberatorem Molitorem*.

(*) Campagne de 1806, en Dalmatie. Rapport du général Molitor.

En retournant en Dalmatie, notre général put juger combien les populations étaient reconnaissantes des services immenses qu'il venait de rendre ; partout sur son passage, la victoire de Raguse fut célébrée par des fêtes et des réjouissances publiques.

Napoléon honora d'aussi glorieux services en nommant le général Molitor grand officier de la Légion-d'Honneur (25 juillet 1806) et peu après, chevalier de la Couronne-de-Fer.

Grand officier de la légion d'honneur (1806).

En 1807, il partit des bords de l'Adriatique avec un corps de troupes pour se rendre, dans une seule marche, sur la Baltique, attaqua les Suédois à Damgarten (13 juillet), força le passage de la Recknitz, enleva le lendemain les positions de Lobnitz et de Redebas, poursuivit le roi de Suède jusque sous les murs de Stralsund, commanda la gauche du siége de cette forteresse, pénétra le premier dans la place et fut investi ensuite du commandement en chef de l'armée d'observation et des fonctions de gouverneur général, civil et militaire de la Poméranie suédoise jusqu'à la fin de 1808.

Dans ce nouveau commandement, comme en Suisse, en Allemagne et en Dalmatie, où il avait fait respecter et bénir le nom français, la conduite sage et modérée de ses troupes, son grand et vertueux désintéressement, la justice invariable de son administration le firent estimer et chérir.

Quel témoignage plus honorable que ces lignes d'une feuille allemande publiée dans la Poméranie, qui parurent au moment de son départ (19 novembre 1808) : « Au commencement de ce mois, la division Molitor qui a oc-

» cupé notre pays pendant un an, est partie d'ici pour » Francfort-sur-le-Mein. La satisfaction d'être dispensé » de l'entretien d'une nombreuse division se trouve con» sidérablement diminuée pour les habitants par le dé» part de l'excellent général qui a su concilier la justice » la plus exacte avec ses devoirs envers l'Empereur, et » dont la conduite honorable sous tous les rapports mé» rite notre amour et notre respect. Puisse la divine » Providence veiller sans cesse sur lui! »

Comte de l'Empire (1808).

Il reçut dans le courant de cette année (1808) le titre de comte avec une dotation de trente mille francs de rente, et la décoration de l'ordre militaire de Bade.

La campagne d'Allemagne, en 1809, offrit au général Molitor de nouvelles occasions de se signaler. Après la bataille d'Eckmühl, l'Empereur le détacha sur Neumarckt où il arrêta les progrès d'un corps de trente-cinq mille Autrichiens, et dégagea le corps bavarois qui était attaqué et fortement compromis, après un combat où les troupes de sa division se montrèrent aussi habiles à manœuvrer que braves, se signalèrent par l'ordre, la précision et l'audace de leurs mouvements, ce qui fut admiré même des généraux ennemis, comme le prouve la relation que publia le général en chef bavarois et qui se termine ainsi : « La division Molitor sauva les Bavarois en marchant à leurs secours : elle conserva, au milieu de leur pays, la sévère discipline qui a toujours distingué les troupes commandées par ce général. »

Le 19 mai, Molitor effectua le premier passage du Danube à Ebersdorf, et s'empara de l'île de Lobau, dont il chassa les Autrichiens après un combat de quelques heures. Le 21, à la bataille d'Essling, placé sous le commandement de Masséna, il soutint seul avec sa division, pendant plus d'une demi-journée, à Aspern, le premier choc de l'armée ennemie, et eut une bonne part au gain de cette bataille, qui dura deux jours ; ses troupes firent des prodiges de valeur, mais elles eurent un grand nombre de blessés.

Le 5 juillet suivant, à Wagram, il fut chargé de l'attaque du village d'Aderklaa et eut à soutenir, pendant presque toute cette mémorable journée, les efforts du centre de l'armée autrichienne.

En 1810, il alla occuper avec sa division, les villes anséatiques, où il fut investi du commandement en chef; ainsi que dans les autres pays qu'il a occupés, il a su y faire aimer et respecter la domination française. Les rapports conciliants qu'il eut à cette époque avec le grand duc d'Oldembourg, parent de l'Empereur de Russie, retardèrent la rupture qui éclata plus tard entre l'Empereur Napoléon et l'Empereur Alexandre.

En 1811, Molitor se rendit en Hollande avec sa division ; le prince archi-trésorier Lebrun s'y trouvait déjà en qualité de gouverneur général; et le titre de *commandant en chef* les troupes comprises dans la 17e division, fut déféré au général mosellan.

A l'approche des Anglais menaçant les côtes, les Hollandais manifestèrent des intentions peu favorables ; l'Empereur laissa Molitor dans ce pays, afin de contenir les habitants ; le gouvernement du palais impérial de Strasbourg et la décoration de l'ordre de la Réunion lui furent donnés presque en même temps.

Cette nouvelle marque de confiance de la part de Napoléon demandait à Molitor autant d'habileté que de dévouement et de patriotisme. En effet, vers le mois d'avril 1813, l'insurrection se manifesta tout à coup à La Haye, à Leyde, à Zardam ; la fermeté et la rapidité des mesures firent tout rentrer dans l'ordre en peu de jours, mais, après les revers de notre grande armée, dans les plaines glacées de la Russie, lorsque ses débris repassèrent le Rhin, les corps d'armée ennemis affluèrent sur la Hollande, dégarnie de troupes françaises.

Il dut alors, pour suivre strictement les instructions de l'Empereur, former des garnisons et jeter des approvisionnements dans les places de la Hollande, où il répartit des douaniers français avec des soldats de nos régiments étrangers, encore fidèles, et avec quelques débris de troupes irrégulières; c'est ainsi que, livré à lui-même, il tint campagne. Il arrêta pendant quelque temps les progrès des têtes de colonnes ennemies, et soutint en restant maitre du champ de bataille, les combats de l'île de Bommel et de Bois-le-Duc. Cette campagne, tenue au milieu des insurrections et des défections de régiments étrangers, fut assurément une épreuve des plus difficiles.

Le duc de Plaisance écrivait à cette occasion : « Si quelqu'un avait pu conserver la Hollande à l'Empire, c'était sans doute le général Molitor. Sa conduite énergique, sa prudence dans les moments de trouble, sa modération, son urbanité lui avaient acquis tous les suffrages......

« Le général Molitor ne se montrait pas seulement grand

militaire, mais encore excellent administrateur ; mais ce qui l'honore pardessus tout, c'est cette glorieuse position de médiocrité de fortune qui dépose si haut en faveur de sa sévère probité. Il dédaigna de faire du commandement un moyen de fortune, et jamais il n'ambitionna qu'une gloire pure et sans tache. »

1814 arrive, notre territoire est violé, et Molitor se fait remarquer aux grandes journées de Châlons, de La Ferté-sous-Jouarre ; son corps d'armée est réuni à celui du Maréchal Macdonald. Nos bataillons font des prodiges de valeur.

Bientôt appelé au commandement du onzième corps d'armée, le général Molitor conserva ce commandement jusqu'à l'abdication de Napoléon et son départ de Fontainebleau. Lorsque l'établissement du gouvernement royal lui fut notifié par le Ministre de la guerre, il lui envoya le général Beauvais avec la déclaration suivante : « Nous, officiers généraux et supérieurs du 11e corps d'armée, vu la lettre du Ministre de la guerre, déclarons adhérer aux actes de l'autorité nationale. »

Grand'croix de la Légion d'honneur.

Quelque temps après, Louis XVIII créa Molitor chevalier de Saint-Louis, Grand'Croix de la légion d'Honneur, et le nomma inspecteur général d'infanterie. A son retour de l'île d'Elbe, Napoléon le trouve dans ces dernières fonctions. Placé entre les obligations d'un serment prêté au nouveau souverain qui l'avait bien traité ; d'un autre côté, combattu par son patriotisme qui lui imposait le devoir de défendre son pays contre une seconde invasion étrangère, et sans doute aussi par l'entrainement que Napoléon savait exciter à un si haut degré, dans tous les cœurs, Molitor se décida et prêta de nouveau serment à l'Empereur. Quel homme assez téméraire peut, en cette occasion si étrange et si rare, s'ériger en censeur, en juge irréfragable et porter la réprobation sur la ligne de conduite suivie généralement par les militaires de cette époque?

Le général Molitor n'hésita donc pas à se porter en Alsace, en qualité de commandant en chef des gardes nationales mobilisées. En peu de temps, il organisa vingt mille hommes par divisions, brigades et régiments armés, équipés et tout prêts à combattre; l'Empereur le nomma pair de France.

Pair de France.

Le gouvernement royal ayant été rétabli, Molitor fut un des premiers porté sur la liste des catégories. Il dut s'exiler de Paris et fut remplacé dans le gouvernement de Strasbourg, le seul avantage qui lui restât de ses services militaires.

Le maréchal Gouvion Saint-Cyr, ayant été appelé au ministère de la guerre, Molitor fut rappelé et nommé aux fonctions d'inspecteur général d'infanterie, qu'il exerça pendant les années 1818, 1821, 1822.

Ce fut à cette époque que le gouvernement de Louis XVIII voulant opérer une restauration en Espagne, envoya une armée dans la Péninsule, sous le commandement en chef du duc d'Angoulême; le général Molitor fut appelé au commandement du second corps d'armée. Ce choix était dû à la belle réputation qu'il avait acquise sur tous les champs de bataille, à son expérience et à son caractère calme et modéré.

Il commande le second corps à l'armée des Pyrénées (1823).

Sans vouloir juger la matière politique, dont le

Gouvernement seul devait accepter les conséquences, Molitor, esclave de l'obéissance et de la discipline, accepta ce commandement; toutefois il reçut, de la bouche même du roi, l'assurance que, dans aucun cas, l'armée ne serait l'instrument des réactions.

Investi du commandement du second corps, il passa la Bidassoa, marcha sur Sarragosse en suivant la route d'Estella et de Tudéla, et entra dans Sarragosse le 26 avril (1823).

Il s'empara successivement des royaumes d'Aragon, de Valence, de Murcie et de Grenade, se dirigea ensuite vers Murviedro, attaquée et pressée par Ballesteros. Lorsque ce dernier sut que le général Molitor était à la tête de la division qui marchait sur lui, il leva brusquement le siége de Murviedro et se retira précipitamment sur Valence, en abandonnant toutes ses munitions et son artillerie.

Lorsque Molitor entra dans Valence, les magistrats de la ville lui présentèrent les clefs, et il fut reçu au milieu des acclamations sympathiques de tous les habitants.

La levée du siége de Murviedro, l'occupation du royaume de Valence, la prise de Tortose, tous ces résultats importants avaient été obtenus en huit jours, grâces aux habiles dispositions du général Molitor et à l'infatigable activité de ses soldats.

Molitor traversa Murcie et Grenade, se distingua particulièrement à Lorca, Guadahuertuna, et livra le combat de Campillo-de-Arenas, à l'armée du général Ballesteros, à la suite duquel ce général capitula. Il se rendit maître ensuite des places de Malaga, de Carthagène et d'Alicante.

Il est nommé maréchal de France (1823).

En récompense des nombreux et brillants services du général Molitor, si souvent investi, dans sa carrière, de commandements en chef, Louis XVIII le nomma maréchal de France, et voulut rédiger lui-même l'ordonnance qui lui conféra cette éclatante dignité.

A la nouvelle de ce glorieux et juste titre accordé à l'un de ses plus vaillants généraux, l'armée applaudit et prouva par ses sympathies combien elle était reconnaissante au roi, de ce qu'il venait de faire pour récompenser les services de l'un de ses lieutenants.

Commandeur de Saint-Louis.

A la fin de cette même année, Molitor, qui, depuis 1814, était membre honoraire de l'Académie des sciences de Paris, fut nommé membre honoraire de l'Académie royale de Saint-Charles, de Valence (14 juillet 1823), Commandeur de Saint-Louis (5 août), Membre honoraire de la Société royale économique de Valence (27 novembre).

En lui annonçant sa double nomination de maréchal et de pair de France, le duc d'Angoulême lui écrivit, de sa propre main, la lettre suivante :

« El Carpio, ce 16 octobre 1823.

« Mon cousin, je m'empresse de vous adresser les témoignages de la satisfaction du roi pour la manière brillante et savante avec laquelle vous avez dirigé et commandé le second corps de l'armée des Pyrénées pendant cette campagne. Je me trouve heureux d'avoir contribué à attirer sur vous les récompenses du roi. Je vous prie de croire à tous mes sentiments affectueux.

Sur ce, je prie Dieu, mon cousin, qu'il vous ait en sa sainte et digne garde. »

HENRY ANTOINE.

En novembre 1823, il fut nommé Grand'Croix de l'ordre de Charles III.

Dans une des séances de la chambre des pairs du mois de mai 1824, le maréchal Molitor, nommé Rapporteur de la Commission chargée d'examiner le projet de loi relatif aux pensions militaires, disait en commençant son rapport :

« Sans vouloir élever au-dessus des autres services les services rendus par les défenseurs de l'Etat, il est permis, je crois, de faire remarquer que la nature et le nombre des sacrifices attachés à la carrière qu'ils parcourent, mériteraient au moins quelques considérations d'égalité dans la répartition et la fixation des récompenses.

» Je ne parlerai pas des dangers qu'ils affrontent ni des blessures et des mutilations qu'ils rapportent de leurs campagnes, ce sont leurs titres honorifiques. . . .

. . . .

Le maréchal demandait en terminant que l'on voulût bien élever la pension des militaires.

En 1827, Molitor fut nommé Grand'Croix de première classe de Saint-Wladimir de Russie.

Bientôt Louis XVIII honora le maréchal d'une distinction toute particulière, en le faisant chevalier commandeur de ses ordres (chevalier du Saint-Esprit); puis, quelque temps après, il fut choisi pour présider le conseil supérieur de la guerre.

Ce fut dans ces nouvelles fonctions que vint le surprendre la révolution de 1830 et l'avènement de Louis-Philippe.

A la fin de 1831, il reçut la mission de se rendre à Marseille avec le commandement supérieur des 8e et 9e divisions militaires, à l'occasion des troubles de Lyon dont on pouvait craindre la funeste influence sur les populations du midi; l'accueil flatteur qu'il reçut dans ce pays, où régnèrent bientôt l'ordre et la prospérité, rendit sa mission courte et facile.

Le maréchal effectua son retour, emportant d'honorables témoignages de l'estime qu'on lui portait et de la confiance qu'il avait le don de savoir toujours inspirer.

En mai 1837, la ville de Metz érigea une statue à l'une de ses plus pures et de ses plus grandes célébrités, au maréchal Fabert; le maréchal Molitor fut nommé président de la commission parisienne et s'acquitta encore avec succès de cette tâche de confiance.

Lors de la discussion, à la chambre des pairs, sur les fortifications de Paris, le maréchal Molitor soutint, avec toute l'autorité de son expérience, le projet de loi pour enlever à l'invasion jusqu'à l'espérance de soumettre le *grand objectif,* en le rendant inattaquable; il voulut que l'on fortifiât Paris « pour que cette capitale ne fût jamais attaquée, et que la défense de la France fût nécessairement reportée sur son véritable terrain, c'est-à-dire, à la frontière. »

Lorsque le prince de Joinville ramena en France les restes mortels de l'Empereur Napoléon, le maréchal porta un des cordons du poële avec le maréchal Oudinot, l'amiral Roussin et le général Bertrand.

Appelé, le 6 octobre 1847, au gouvernement des Invalides, le maréchal Molitor céda cette place d'honneur au frère de l'Empereur, à l'ancien roi de Westphalie, à Jérôme Bonaparte. En quittant ses braves Invalides, il leur adressa ce touchant adieu (27 décembre 1848) : Gouverneur des Invalides (1847).

« Militaires invalides,

« Je viens d'être appelé à d'autres fonctions, à celles de grand chancelier de la Légion-d'Honneur. En me séparant de vous, j'ai besoin de vous remercier de l'affection dont vous m'avez entouré pendant le temps que j'ai été chargé de votre bien-être. Si quelque chose peut me consoler de ne plus avoir à remplir cette affectueuse et honorable tâche, c'est de la voir confiée désormais au frère de notre immortel Empereur, à qui vous avez conservé un si fidèle et touchant souvenir, à ce frère qui, jusqu'à la dernière heure de l'Empire, s'est constamment illustré sur nos plus mémorables champs de bataille.

» En vous quittant, militaires invalides, je n'ai pas besoin de vous rappeler de conserver toujours intacts et sacrés les sentiments d'amour de la patrie, ceux de la discipline et de l'honneur militaire dont vous devez l'exemple à l'armée. »

« Le maréchal Molitor. »

Il exerça le commandement de grand chancelier pendant près de sept mois et expira le 28 juillet 1849, dans sa quatre-vingtième année. Grand chancelier de la légion d'honneur (1848).

Sa mort (1849).

Ainsi se termina cette glorieuse vie, l'une des plus belles de notre époque. Placé au faîte des honneurs, Molitor y est arrivé, la tête haute, sous les regards de tous ; les voies de la faveur n'ont jamais été les siennes ; s'il a marché vite, c'est qu'il a marché droit ; volontaire en 1792, il vole aux frontières à la tête de ses *braves* compatriotes, si braves que le nom de Lorrain en est désormais le synonyme dans le dictionnaire des batailles ! Lieutenant de Napoléon, il s'est toujours tenu à la hauteur de son rôle ; homme de guerre valeureux, administrateur loyal et désintéressé, il a su faire autre chose que donner et recevoir des coups de sabre ; les succès de son administration dans les divers gouvernements qui lui ont été confiés et son ascendant sur les soldats, attestent la puissance de son caractère, et constatent un mérite hors ligne.

Aussi intrépide soldat qu'habile tacticien, il joignait sur le champ de bataille, la prudence à l'énergie, la promptitude de la conception à celle de l'exécution. D'une sévérité inouïe en ce qui regardait la discipline, et cependant adoré de ses soldats, il fut à la fois un chef intelligent, un sauveur pour les pays qu'il conquit..... un père pour ses soldats.....

« Ces hommes, dont nous écoutons la vie avec le respect qu'on porte toujours aux grandes choses, deviennent rares tous les jours. Nous ne songeons pas assez à ce qu'ils ont été, parce que, depuis vingt-cinq ans que le canon se tait, nous les voyons vivre tranquillement au milieu de nous.

« Mais nous ne devons pas, pour cela, oublier

cependant qu'ils furent des lions dans les combats, et qu'ils ont fait de grandes choses pour nous. — En ferions-nous autant au besoin ? — Nous aimons à le croire, car le courage ne meurt pas dans un grand peuple. — Devons-nous désirer le même genre d'illustration ? — Non !..... — Assez longtemps le sang a coulé, la gloire ne doit plus être marquée de cette lugubre estampille..... Admirons nos héros, honorons-les, mais ne cherchons pas à les imiter. Leur culte ne doit plus être le nôtre. Essayons d'être grands comme eux, mais grands dans une autre œuvre. Ils ont été grands parce qu'ils se sont dévoués, et ils se sont dévoués parce qu'ils ont cru..... à tout ce qui était puissant alors, la patrie, la gloire militaire..... — Enfants de la génération présente, quand croirons-nous, et à quoi croirons-nous (*) ?..... »

Le corps de l'illustre maréchal fut déposé aux Invalides et M. le Curé de Saint-Thomas-d'Aquin prononça le discours suivant en remettant ces précieux restes à M. l'abbé Ancelin, aumônier de l'église Saint-Louis des Invalides :

« Vénérable et vénéré pasteur,

Je viens confier à votre religieux intérêt la dépouille mortelle de M. le maréchal Molitor qui fut pendant sa vie l'objet de notre admiration et l'est aujourd'hui de nos regrets.

« C'est cette enceinte, justement appelée le Temple de

(*) E. Pascallet.

l'Héroïsme, qui devait être la dernière demeure de celui que la mort, par un coup imprévu, vient d'enlever à sa famille, à sa patrie. Aussi, justes appréciateurs de ses services, les chefs de l'État, sensibles aux vœux de l'armée et de la France entière, ont-ils voulu qu'il reposât au milieu des guerriers qu'il a constamment suivis et toujours égalés dans la carrière de la gloire. Les drapeaux suspendus à cette voûte disent à qui les considère, quels ont été ses nobles fatigues et ses glorieux succès. C'est à l'héroïsme de sa conduite qu'il a été redevable des éloges qu'ont aimé à lui donner les vrais juges du mérite militaire, ses compagnons d'armes, les Masséna et les Kléber, les Moreau et les Macdonald, dont il était le rival et l'ami. Sûrement il est ici quelques-uns des braves qui l'ont vu, de mille combats noblement soutenus en cent contrées diverses, sortir toujours vainqueur : témoins de son courage, admirateurs de ses triomphes et fiers de les avoir partagés, ils applaudissent à l'hommage que lui rendent en ce jour et l'État et l'Église. Des témoignages de reconnaissance, voilà ce que lui doit la patrie ; des prières, voilà ce que lui doivent les ministres d'un Dieu de paix, afin que, admis aujourd'hui dans le séjour des héros, il le soit bientôt dans celui des élus. C'est de vous, pasteur vénéré, et de vos pieux collaborateurs, qu'il attend ce bonheur ; son avenir est désormais en vos mains. Puisse-t-il, heureux de vos sacrifices et de vos vœux, obtenir, auprès du Dieu des miséricordes, la place que vont solliciter pour lui votre intérêt et votre piété. »

M. l'abbé Ancelin répondit à ce discours en des termes pleins de chaleur et de conviction (Note 6).

Ses funérailles.

Le 8 août, à onze heures du matin, les funérailles eurent lieu. De nombreux détachements de troupes garnissaient les abords de l'hôtel, dont la chapelle, toujours trop étroite pour ces tristes cérémonies, était réservée presque tout entière pour les autorités civiles et militaires.

Le ministre de la guerre (général Rullière), l'amiral de Mackau et les généraux de Saint-Mars et Changarnier tenaient les coins du poêle (Note 7).

Au moment où la dépouille mortelle allait être déposée dans le caveau des Invalides, le général Fabvier, représentant de la Meurthe, l'un des braves compagnons d'armes de Molitor, faisait entendre ces belles paroles :

« Dépourvu du don précieux de l'éloquence, j'aurais laissé à d'autres plus habiles le soin d'honorer dignement la mémoire du maréchal Molitor, et me serais contenté de suivre triste et silencieux des restes qui me sont chers.

» Mais le désir d'une famille illustre et éplorée est un ordre pour moi : l'orgueil natal m'enhardit d'ailleurs à parler au nom de ces belles vallées de la Meurthe et de la Moselle, qui enfantent si volontiers des enfants intrépides, et d'inébranlables patriotes. Je comprimerai donc, si je le puis, pour quelques instants, une douleur égale à ma reconnaissance pour tant de bontés, et j'ose dire d'affection, dont m'honorait depuis quarante-deux ans, cet homme que la tombe va recevoir.

» C'est un usage pieux et salutaire, Messieurs, que celui de louer en public ceux qui ont bien servi la patrie ; c'est un usage pieux, car nous devons d'abord remercier la Providence qui envoie de tels hommes pour la défense, l'ornement et la gloire de la France; salutaire, car le récit de tant de hauts faits, le tableau d'une vie pure et consacrée sans relâche à l'exercice de toutes les vertus, ne peuvent inspirer à ceux qui survivent que des sentiments nobles et généreux : et quel plus bel hommage à rendre à ceux qui ne sont plus, que d'aimer ce qu'ils ont aimé avec passion, que de servir ce qu'ils ont si bien servi ? ».

Après avoir énuméré les nobles et magnifiques services rendus à la patrie par l'illustre maréchal, le général Fabvier, le cœur ému et la voix pleine de larmes, terminait ainsi :

« Telle a été la longue et glorieuse carrière du maréchal Molitor, n'ayant jamais connu un revers, n'ayant jamais manqué à un devoir ; obtenant du soldat la discipline la plus exacte sans employer la rigueur ; faisant honorer la France par l'étranger : vous l'avez vu dans les loisirs de la paix, toujours soumis, jamais courtisan, donnant de sages conseils, n'en offrant jamais.

» S'il accordait quelques heures à l'amitié et aux arts, il étudiait surtout la grande science de la guerre, et se plaisait à l'enseigner à ceux qu'il aimait. Mais ses derniers jours ont été amers : sa chère armée frappée des plus rudes coups, les cris de la discorde, sa patrie abaissée..... C'était trop pour son cœur après tant de travaux ! ! »

« Simple dans ses habitudes et dans ses mœurs, affable et bienveillant pour tous, Molitor avait toutes les qualités qui honorent les hommes publics, et toutes celles qui font le charme de la vie privée. Comme général, l'histoire le classera au second rang des grands capitaines de la Révolution ; mais, selon l'expression du général Foy, *les généraux classés par nous au second rang, tiendraient le premier rang dans les troupes des puissances rivales..... La vive clarté qu'ont jetée les exploits d'un seul homme, a obscurci les autres renommées; et si, pendant une guerre prolongée, il s'est présenté telles circonstances où nos guerriers de haute stature n'ont paru que des nains, c'est parce qu'on les considérait accolés à un géant.* »

Le maréchal Molitor repose sous les voûtes du temple des Invalides ; il est revêtu de son grand uniforme, comme s'il devait être prêt à marcher au premier appel de son Empereur.

Le Gouvernement a décidé que la statue en marbre du maréchal serait placée au musée de Versailles.

Depuis longues années, le maréchal Molitor avait adopté le département de la Meurthe ; il y venait passer tous les ans, un mois ou deux, à Tomblaine, près de Nancy, et les pauvres se rappelleront toujours son extrême générosité. Il sut se faire chérir par tous, et les regrets qui éclatèrent à sa mort prouvent combien il avait compris sur cette terre la mission de l'homme de bien.

NOTES

ET

PIÈCES JUSTIFICATIVES.

NOTE PREMIÈRE, PAGE 8.

La fortune sert son audace; son aide-de-camp Fridolsheim le rejoint avec 60 hommes, et repousse vigoureusement les Suisses, qui furent tous tués, noyés ou faits prisonniers.

Ces prisonniers suisses, au nombre de 250, s'attendaient à être traités sans miséricorde : je pris sur moi, au contraire, de les renvoyer libres à Glaris, en les chargeant de dire aux habitants (qui étaient aussi contre nous) que nous ne venions faire la guerre qu'aux Autrichiens; que les Suisses seraient traités en amis, et que nous ne leur demanderions que leur neutralité. J'eus beaucoup à m'applaudir du parti que je pris en cette circonstance, car dès ce moment le corps suisse à la solde anglaise s'est dissout de lui-même, et nous n'avons plus compté que des amis dans le canton de Glaris. Cet heureux changement dans l'esprit des habitants, et qui nous a été si utile ensuite, n'a fait que se consolider par l'excellente discipline que nos troupes ont constamment observée (Armée du Danube. Campagne des années VII et

VIII (1799) en Suisse. Rapport des opérations de la brigade du général Molitor, détachée dans les cantons de Schweiz et de Glaris).

NOTE 2, PAGE 12.

Recevez donc aujourd'hui le témoignage de la vive satisfaction du Gouvernement, pour vos travaux qu'il ne pouvait ignorer et qu'il a justement appréciés.

« *Masséna, général en chef, au général de brigade Molitor.* »

« Le Directoire exécutif a présenté à l'armée du Danube, par sa lettre du 22 vendémiaire dernier, le tribut de la reconnaissance publique et de sa satisfaction particulière pour ses glorieux travaux. L'attention du Directoire a voulu s'étendre aussi sur tous ceux qui y ont le plus vaillamment contribué; déjà je me suis empressé, citoyen général, de faire connaître la part active que vous avez eue dans ces mémorables événements; l'on n'oubliera pas qu'avec votre seule brigade vous avez résisté plusieurs jours aux Austro-Russes, que vous les avez battus, que vous leur avez fait des prisonniers, que vous avez défendu avec acharnement et sang-froid des positions intéressantes pour l'armée, et que vous avez de cette manière préparé la défaite de *Souwarow*. Recevez donc aujourd'hui le témoignage de la vive satisfaction du gouvernement pour vos travaux, qu'il ne pouvait ignorer, et qu'il a justement appréciés.

« Salut et fraternité.

» Signé MASSÉNA. »

NOTE 3, PAGE 12.

Molitor fut chargé de commander les premières troupes qui devaient forcer le passage du Rhin sur le point de Rechlingen, près de Stein.

L'ordre de l'armée de la veille (30 avril 1800) s'exprimait ainsi qu'il suit : « Les généraux sont prévenus que le passage du Rhin, pour l'aile droite, aura lieu le 1er mai, à trois heures du matin ; le général Molitor passera avec les premières troupes de débarquement, composées des premier et deuxième bataillons de la première demi-brigade d'infanterie légère.

(Précis des opérations du général Molitor, pendant la campagne de 1800, à l'armée du Rhin, commandée par le général Moreau.)

NOTE 4, PAGE 13.

Après cette héroïque journée, Marulaz reçut un sabre d'honneur, et Molitor lui écrivit une lettre remplie des félicitations les plus honorables.

« *Au quartier-général à Stokach, le 14 Floréal an* VIII, *au chef de brigade Marulaz, commandant le* 8e *régiment de hussards.*

« Le 8e régiment de hussards que vous commandez, occupait déjà le premier rang parmi nos meilleurs corps de cavalerie ; il s'est couvert de gloire à la journée d'hier et il a pleinement justifié la haute opinion que l'armée avait de sa valeur. Quatre mille prisonniers faits à l'ennemi sont le résultat d'une charge qu'il a exécutée avec autant de précision que d'audace, et par ce mouvement décidé, la journée de Stokach sera une des belles actions de la campagne.

» Je ne puis me refuser au plaisir de témoigner ma satisfaction à votre brave régiment et de lui payer, un des premiers, le tribut d'éloges qu'il a si vaillamment mérités ; il les doit particulièrement à vos talents et à l'exemple que vous donnez dans toutes les occasions où il y a de la gloire à acquérir.

» Recevez-en mon sincère compliment, ainsi que l'assurance de l'estime la plus distinguée.

« Le général MOLITOR. »

(Copiée sur l'autographe qui se trouve en tête de la *Revue de l'Empire* (année 1844 ; mois de décembre).

NOTE 5, PAGE 17.

Ce fut vers cette époque que le département de la Moselle, voulant témoigner à Molitor toute la confiance qu'il avait su inspirer à ses concitoyens, l'inscrivit sur la liste des notables nationaux.

« Metz, le 4 frimaire an X de la République française.

» Le préfet du département de la Moselle,

» Au citoyen Molitor, général de division, à Saint-Avold.

» CITOYEN,

» Je vous adresse ci-joint un exemplaire de la liste des notables nationaux du département, sur laquelle je vous annonce que vous êtes porté. J'ai pensé qu'il vous serait agréable d'avoir ce titre qui constate le témoignage honorable que vous avez reçu de la confiance de vos concitoyens.

« Salut et estime,

» Signé : COLCHEN. »

NOTE 6, PAGE 34.

M. l'abbé Ancelin répondit à ce discours en des termes pleins de chaleur et de conviction.

Réponse de M. l'abbé Ancelin :

« MONSIEUR LE CURÉ,

» Nous avons reçu autrefois à la porte de cette église, l'illustre maréchal Molitor comme notre gouverneur, nous avons appris à le vénérer pendant sa vie, nous recevons sa dépouille mortelle avec le respect profond dû à ses éminentes vertus aussi bien qu'à son éminente dignité.

» La Hollande, la Suisse et l'Espagne connurent sa justice dans le maniement des affaires, comme sa valeur dans les combats et sa capacité dans le commandement des armées ; l'hôtel des Invalides a connu l'élévation de son esprit, la bonté de son cœur et les sentiments religieux de son âme vraiment chrétienne.

» C'est avec un juste empressement et une pieuse reconnaissance, M. le Curé, que les autorités militaires et le clergé de cette paroisse, rendront les devoirs funèbres au grand Chancelier de la Légion d'Honneur, bien digne de reposer ici, à côté des autres illustrations confiées à la garde de notre religion et de notre patriotisme.

NOTE 7, PAGE 35.

Le ministre de la guerre (général Rullière), l'amiral de Mackau, et les généraux de Saint-Mars et Changarnier tenaient les coins du poêle.

Procès-verbal constatant l'inhumation de M. le maréchal Molitor, à l'hôtel national des Invalides.

Le trois août de l'an mil huit cent quarante-neuf, à neuf heures du soir, nous Claude Hilaire Lajard, intendant militaire des Invalides, prévenu que, conformément au décret du Président de la République, en date de ce jour, ordonnant que la cérémonie des funérailles et de l'inhumation de M. le maréchal Molitor, grand chancelier de la Légion d'Honneur et ex-gouverneur des Invalides, décédé le 28 juillet 1849, aura lieu à l'hôtel national des Invalides, le corps de l'illustre maréchal allait être apporté audit hôtel, nous sommes rendu, accompagné de M. le colonel *Gérard*, secrétaire-archiviste-trésorier ; *Lagé*, adjoint à l'intendance militaire ; *Rougevin*, architecte de l'hôtel, et *Bugnot*, inspecteur des bâtiments, à la grande grille d'entrée, où nous avons trouvé M. le général de division *Petit*, entouré de son état-major, et où étant, nous avons vu arriver MM. Gabriel, Auguste et Olivier *Molitor* et Edouard *Monnier*, fils et petits-fils de M. le maréchal ; le général *Saint-Mars*, secrétaire-général de la grande chancellerie de la Légion d'Honneur, le colonel *Baligan*, le commandant *Clément*, ancien ami du maréchal ; son aide-de-camp, le lieutenant-colonel *Dupons ;* Fréderic *Maîtrejean*, fils de son ancien aide-de-camp de ce nom, décédé; Casimir et Henri de *l'Espée;* Trépagne, notaire; et enfin, M. le Curé de Saint-Thomas d'Aquin, qui tous précédaient ou accompagnaient le char duquel a été descendu le cercueil que ces Messieurs nous ont déclaré renfermer le corps de M. le maréchal Molitor (Gabriel-Jean-Joseph), né à Hayange (Moselle), le 7 mars 1770, et décédé à Paris, à l'hôtel de la grande Chancellerie de la Légion d'Honneur, le 28 juillet 1849. Ce cercueil arrivé à la porte de l'église des Invalides, où M. le Curé, assisté du clergé de cette église, s'était rendu pour le recevoir, M. le Curé de Saint-Thomas d'Aquin, en lui remettant le précieux dépôt confié à sa garde, a prononcé le discours suivant :

(Voir ce discours, page 33, et le discours de M. le Curé des Invalides, page 43.)

Après quoi, le cercueil contenant la dépouille mortelle de M. le Maréchal a été transporté dans la chapelle ardente préparée dans l'église pour le recevoir, et où il restera déposé jusqu'au jour qui sera fixé pour la cérémonie des funérailles. Les assistants ne se sont séparés qu'après avoir associé leurs prières à celles récitées par le clergé pour le repos de l'âme de l'illustre défunt.

Et cejourd'hui, mercredi 8 août, les funérailles du maréchal Molitor ont eu lieu avec la même pompe que celle suivie le 19 juin précédent pour les obsèques de M. le maréchal Bugeaud d'Isly. L'enceinte de l'Hôtel des Invalides était entourée de détachements de tous les régiments de la garnison de Paris. La grande entrée de l'Hôtel, le péristyle de l'église et toute l'église étaient décorés par de grandes tentures noires lamées d'argent, sur lesquelles étaient appliqués l'écusson armorié de M. le Maréchal, et d'autres écussons palmés, rappelant les noms de toutes les batailles et combats auxquels il a pris part dans sa longue et glorieuse carrière. Au milieu de la nef de l'église s'élevait un magnifique cénotaphe recouvert de velours noir lamé d'argent, éclairé par un grand nombre de bougies et de lampadaires funèbres, et autour duquel avaient été placés les sous-officiers décorés fournis par les régiments de toutes armes. A onze heures et un quart, le cercueil contenant le corps du Maréchal a été retiré de la chapelle ardente où il avait été déposé et placé sur le cénotaphe, en présence du clergé, de la famille du défunt, de M. le général de division Petit, commandant de l'Hôtel, et de tout le cortége qui se trouvait alors réuni, et où l'on remarquait M. le Président de l'Assemblée nationale, M. le Président du Conseil, M. le Ministre de la Guerre, M. l'amiral Mackau, MM. les généraux de division *Fabvier*, *Gourgaud*, *Achard*, *Pelet*, *Changarnier*, *Perrot*, *Mangin*, *Neumayer*, *Feuchère* et beaucoup d'autres généraux et officiers supérieurs, M. le colonel Vaudrey, aide-de-camp du Président de la République, plus de cent représentants et un grand nombre d'autres notabilités civiles et militaires. Les coins du poêle étaient tenus par M. le Ministre de la Guerre, M. l'amiral Mackau, M. le général de division Changarnier, commandant des gardes nationales de la Seine et de toutes les troupes de la 1re division, et M. le général de Saint-Mars, secrétaire général de la grande Chancellerie de la Légion-d'Honneur. Toutes les tribunes de l'église étaient garnies de dames en deuil. La messe a été célébrée par M. le Curé des Invalides, et l'absoute a été faite par M. Buguet, vicaire général archidiacre ; Monseigneur l'Archevêque était absent pour cause de santé.

Immédiatement après l'absoute, le corps du maréchal a été placé sur un corbillard richement décoré d'armes et d'insignes militaires, attelé de six chevaux caparaçonnés d'étoffe noire lamée d'argent, comme le cheval de bataille du maréchal qui suivait derrière, tenus en laisse, et a été ainsi conduit, accompagné de tout le cortége, vers l'Esplanade, à l'extérieur de la grille. Là, ont défilé avec beaucoup d'ordre, devant le char funèbre, les troupes fournies par tous les corps de la garnison de Paris. Des salves d'artillerie ont été tirées pendant ce défilé, ainsi que pendant la cérémonie religieuse.

Après ce defilé, le char funèbre a été ramené, par la cour d'honneur, devant la porte de l'Eglise. Alors le cortége s'étant arrêté, M. le général de division Fabvier, représentant à l'Assemblée nationale législative, a prononcé de remarquables paroles.

(Nous avons donné des extraits de ce discours, pages 35, 36 et 37.)

Après ce discours qui a été écouté par tous les assistants avec un silence religieux et les marques de la douleur générale, et les profonds regrets causés par la perte de l'illustre Maréchal, le cercueil ayant été retiré du char, a été descendu dans le caveau de l'église préparé pour le recevoir, en présence des membres de la famille et des autres personnes qui ont signé avec nous le présent procès-verbal. De nouvelles prières et bénédictions de la part du clergé et des assistants ont terminé cette imposante cérémonie.

Fait et clos à Paris, à l'Hôtel des Invalides, les jours, mois et an que dessus, en quatre expéditions, dont une pour la famille, une pour M. le Ministre de la Guerre, et les deux autres pour les archives de l'Hôtel et celles de l'intendance militaire.

Suivent les signatures.

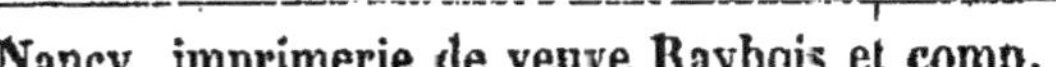

Nancy, imprimerie de veuve Raybois et comp.

www.ingramcontent.com/pod-product-compliance
Lightning Source LLC
LaVergne TN
LVHW022207080426
835511LV00008B/1621

* 9 7 8 2 0 1 2 6 8 7 8 9 9 *